Komila Komiljonova

MAJHULA

Komila Komiljonova

MAJHULA

JustFiction Edition

Imprint

Any brand names and product names mentioned in this book are subject to trademark, brand or patent protection and are trademarks or registered trademarks of their respective holders. The use of brand names, product names, common names, trade names, product descriptions etc. even without a particular marking in this work is in no way to be construed to mean that such names may be regarded as unrestricted in respect of trademark and brand protection legislation and could thus be used by anyone.

Cover image: www.ingimage.com

Publisher:
JustFiction! Edition
is a trademark of
Dodo Books Indian Ocean Ltd. and OmniScriptum S.R.L publishing group

120 High Road, East Finchley, London, N2 9ED, United Kingdom
Str. Armeneasca 28/1, office 1, Chisinau MD-2012, Republic of Moldova, Europe
Printed at: see last page
ISBN: 978-620-6-74091-9

KOMILA QADAR (KOMILJONOVA)

MAJHULA

She'rlar

2023-yil

Inson zotining qalbi azaldan go'zallikka, badiiyatga moyil qilib yaratilgan. Shu tufayli ham she'riyat ko'ngillarni yayratuvchi, ruhga oziq bo'lguvchi kuch deb hisoblansa, ajab emas. So'nggi yillarda ana shunday qalbi ezgulikka to'la, g'ayratli va iste'dodli yoshlar soni ko'paymoqda. Qo'lingizdagi kitob ham shunday yosh ijodkorlardan biri Komiljonova Komilaning she'rlaridan iborat. Uning har misrasidan ufurib turgan samimiyat sizga manzur bo'ladi degan umiddamiz!

Mas'ul muharrir va taqrizchi: f.f.n., dotsent B.Rahimova

So'zboshi

She'riyat inson qalbining eng nozik tuyg'ularini tarannum qilguchi dilrabo kuydir. Komila ana shunday kuy bilan she'rsevarlar ko'nglidan joy olishga intilayotgan yosh ijodkorlardan biridir. Komilaning she'rlarida mavzular rang-barang. U yoshlik, muhabbat, tabiat, inson va hayot haqida o'z ovozi bilan kuylaydi. Eng muhimi, yosh qalam sohibasi tarannum etayotgan mavzular sodda va samimiyligi, beg'uborligi bilan o'ziga xosdir. E'tiborlisi shundaki, uning izlanishlarida inson shaxsiga, jamiyatga, ijtimoiy voqelikka, ma'naviy-intellektual, axloqiy qadriyatlarga nisbatan yangicha nuqtai nazarlarni ko'ramiz. Yosh shoira ruhiyatida kechayotgan har qanday kechinmalarni qog'ozda betakror o'xshatishlar ila muhrlashga intiladi.

Komila o'zi yosh bo'lsa-da, she'rlarida ancha ulg'aygan ijodkor:

Shuncha yaqinmizmi, shunchalar yiroq,

Uzatsak, go'yoki qo'llar yetguday.

Oyoqlar tagida turganday sirot-

Biz gunoh yukidan qulab ketguday.

Xayriyat, asrorim bilmas xaloyiq:

Ismingni dastxat deb qo'yib yuribman.

Seni kelar, deya yo'lingni poylab,

Birpasda ming yilni yashab qo'yibman.

Komila she'rlarida Ollohga murojat, gunohu savob, umr mazmuni, ilohiy muhabbat tuyg'ulari o'zgacha ohangda bo'y ko'rsatadi. Yosh ijodkorlarning she'rlarida, ko'pincha, taqlidning guvohi bo'lamiz. Ammo ushbu kitobga jamlangan she'rlarda mutlaqo original o'xshatish va tasvirlarni ko'plab uchratishimiz mumkin. Kitobning «Majhula» deb nomlanishi kitobxonlarda qiziqish uyg'otishi tabiiy. Buning sababini muallifning o'zi shunday izohlaydi: «She'rlarimga nom qo'yishga qiynalaman. Ulardagi ma'noni birgina so'z-sarlavha orqali cheklab qo'yishni xohlamayman. «Majhula» esa arabcha «ismsiz, nomsiz» degani. Nom qo'yilmagan she'rlarimni jamlaganim tufayli kitobni shunday nomladim». Darhaqiqat, she'rlarning yana bir o'ziga xosligi ham shunda-ularning nomi yo'q. Bu esa mumtoz adabiyotdagi g'azalnavislikni eslatadi.

Ijodga katta qadamlar, o'tkir misralar bilan kirib kelgan Komilaning yo'llari nurli bo'lishini tilab qolaman!

Yamoq tushgan etikdir ko'nglim,

Butun umr tepkilab kiydim.

Bosib o'tdi necha so'qirlar,

Qayta bosmay, o'zimni tiydim.

Etikdo'zning ignasi o'tkir,

Botib borar tanim qaqshatib.

O'zim borib urilsam axir

Qanday so'kay toshni "o'xshatib".

Qishda nolib zaxning zahmidan,

Yangisini olib bo'lmaydi.

Umrimga yoz nafasi kelsa,

Etik qurg'ur esga kelmaydi.

Bog'ichini bog'lab, yamadim:

Nokas yuzi tushmasin unga,

Taqvo ila yaltirab tursin,

Qiyomatda kun qolar shunga.

Shuncha azob ko'rgani yetar,

Teshiklarin yamab, yopaman.

To'g'ri kelsa, o'lchamlarimiz

Etigimning poyin topaman.

02.02.2023

....

Etni junjiktirar kuzak shamoli,

Oyoqlar tagida shitirlar xazon.

Yuz-ko'zim ezg'ilab yog'adi yomg'ir,

Go'yo boshim uzra titraydi osmon.

Soyabon tutguvchim, sen yo'q yonimda,

Nahot, bir umrga yolg'iz o'tarman.

Hech tilga chiqmagan izhorim haqqi,

Men seni... Men seni... ming yil kutarman.

Kim uchun asraldim muhr tegmasdan,

Qismatmi "sen" nomli ishqdan saqlanish?

Ajabo, yo menga nasib etmasmi

Yig'lasam, boshimni yelkangga qo'yish....

Yo'q, bari o'tkinchi, baxt juda yaqin,

Hajrda yonish-chun kelgan emasmiz.

Ichimga yutilgan she'rlarim guvoh

Taqiq mevasidan yegan emasmiz.

Kun kelar, vaslingga yetadigan kun!

Umrlik hukmga loyiq bo'larmiz)

Egalik qo'shaman, azizim manim

Endi bahorlarni yashab o'tamiz!

Faqat bahorlarni yashab o'tamiz!

22.10.2022

....

....

8 milyard inson ichida

Begonaman, yolg'iz baloman.

Alloh suygan bandadirman, yo

La'nat tekkan iblis aroman.

Men hech kimga yoqmayman yana

Menga hech kim kelmaydi ma'qul.

Bir bema'ni kasman, ko'nglimning

Og‘rig‘iga chidayman nuqul.

G‘ururimning jilovin tortib,

Jonim to‘shab qo‘ysam yo‘liga

El og‘zida yana g‘iybatim:

"Qo‘ndirmoqchi "gah" deb qo‘liga".

Ko‘z yumaman abadiy emas,

Nomi bilan foniy g‘urbati.

Robbim bir kun chorlar yoniga,

Gulzor bo‘lar qabrim turbati.

Men ketaman sizga qo‘l siltab,

Shu kun butkul tugaydi g‘amlar,

Janozamda yig‘laysiz hali,

Meni yomon ko‘rgan odamlar!!

● ●

● ●

Tunni tilkalaydi oyning shu’lasi,

Sabo g‘uncha yodin bulbulga eltgan.

Xonada yostig‘im quchib yotibman,

Bir g‘ayur derazam berkitib ketgan..

Men bunda yomondan, nazardan xoli

Zulmatning sinishin ma'yus kutaman.

Xayolim deraza ortida qolgan,

Sog'inchdan har kecha zardob yutaman.

Yo'q, hecham sevmayman, bexuda ayblov!

She'rimni havasga yozib qo'yibman.

Dunyo hali menga to'yganicha yo'q,

Men nega foniyga erta to'yibman.

Ruchka qitirlaydi(eng buyuk sotqin)

Derazadan hatlab o'tmaydi xatlar.

Yozilib, ko'zimga surtiladi so'ng,

Olovda xat ila jon berar dardlar.

Kunduz(umrimda bir kun bormi endi)

Chillam chiqarishga eringanmilar.

Yo to'qqiz kechamda jin tekkan menga,

Besh oqshom to'lganda, ko'rmish Horutlar.

Men kimman(Alining Fotimasimas)

Yusufga Zulayho bo'lmoq istamam!

Balki(orzulandim endi o'zimcha)

Ko'ngli pok Hobilning Iqlimasiman...

Yana xayolimni tortar deraza:

Yuzimday sarg'ayar osmon etagi.

Uzoqda, deraza ortida qolgan

Bir suluv tushida ko'rgan ertagi.

Men esa... men esa uzumni kutib,

Ming yillik jazoni olgan yolg'izman.

To'rt devor ichida Robbimdan qo'rqib

Derazadan oshib o'tmagan qizman.

Derazadan xatlar olmagan qizman...!

07.08.2022

••

••

Boru yo'g'im ikki misra she'r,

Bugun yana to'lib turibman.

Bo'g'zimdagi achchiq yig'idan

Qutulolmay kulib yuribman.

Chap yelkamning zalvori og'ir,

Qadam bossam, kuyar tovonim.

Bu oddiy yer(oftob isitgan)

Sirot—hali ulkan dovonim.

Hazrat Oysha, Hadichalarga

Robbim, mening sira daxlim yo‘q.

Men tavbaman sajdaga qo‘ngan,

Sendan o‘zga Rahmon, Halim yo‘q.

Har jar Yusuf qudug‘i emas,

Men Ayyubmas, yetmadi sabrim.

Sinovingdan o‘ta olmadim,

Har qilmishim—o‘zimga jabrim.

Qodir, menga zarra karam qil,

Hidoyatga darhol do‘naman.

Huzuringdir eng oliy ishqim,

Sen yozgan qismatga ko‘naman.

Sen buyurgan kunni ko‘raman!

06.08.2022

Masofa ayirar ikki oshiqni,

Yo‘l olis, piyoda yetib bo‘lmaydi.

Yorim, tashlab ketdim sen bor joylarni,

Nahotki, qalbingdan ketib bo‘lmaydi?!

Tun tushib, dunyosi jimib qolganda

Olamning tinchini buzar telefon:

Salom berishga ham ulgurmasimdan

Tanish savol yangrar go‘shak ortidan:

20 kun bo‘ldi, qachon qaytasan?!

Hijronning qulog‘i tom bitib qolgan,

Tunni bezor qildim qilib dag‘dag‘a.

Ikkimiz ikki yon—kimlardir xursand:

G‘alaba ovozi kelar panadan.

Boraman desamchi, yo‘lim to‘sdilar:

Na yig‘imga qarab, gapga ko‘nsinlar.

Uyimni sog‘indim deyman gohida—

Uyim senligini qaydan bilsinlar?!

Robbim bor demadi, sendan uzoqman.

Mana yana ko‘zimni yoshlab turibman.

Meni yuborgisi kelmas bu poytaxt,

Senli viloyatim qumsab yuribman.

Kel dema, kutmasang, shirindir visol,

Yaqinda yoningga uchib boraman.

Poytaxtda g'alvaning yo'qdir adog'i,

Bariga ko'z yumib, kechib boraman.

Kutma, men yoningga uchib boraman...)

28.07.2022

Men ertaklar tinglamay qo'ydim,

She'rlardan ham topmayman ma'ni.

Dunyosini ilmam nazarga,

Nima bo'pti kitob degani?!

Men yashashdan qo'rqmay qo'yganman,

O'lmoqning ham yomon joyi yo'q.

Faqat har kun ming bora o'lib,

Tirilishdan ortiq azob yo'q.

Bir qo'rquvim: ushalmas duo!

(So'nmas umid bo'lsa, netaman)

Nahotki, shu armonim bilan

Ajal tomon yig'lab ketaman....

Men o'qidim million kitobni,

Qismat degan sarlavha yo'qdir.

Hech bo'lmasa sen ayt, azizim,

Yana qancha o'rtaydi taqdir?

Yoz.... Quyoshsiz tunni yondirar

Chekkan ohim, yozmagan she'rim.

Eski dardga yangi tuz sepib

Charchamaydi Oy(ko'ngli yarim)

G'amim aytsam, u ham chidolmay

O'zin shartta suvga otadi.

Ko'ksimdagi olovdan qochib,

To tonggacha chiqmay yotadi.

Kim eshitsa, topmadi davo,

Yorim, sendan o'zga tabib yo'q!

Men Toifda yashab yuribman,

Bir Rasuldan o'zga habib yo'q....

Yana qancha sabotim qolgan?

Umrim qancha—bilmoq istamam!

Kerak bo‘lsa, har kuni ming bor

Men yoningda o‘lmoq istaram,

Men yoningda o‘lmoq istaram!

•••

•••

Hammaga notanish(hammaga yaqin)

Bir she’r yozging kelar to‘satdan.

Bo‘g‘zingda achiydi nimadir...

(Faqat barcha she’rlar yozib bo‘lingan,

Yonib kuylangan-ku jamiki dardlar.)

Qog‘ozni g‘ijimlab otasan, so‘ngra

Qalam chekar alam: yozmay bo‘lmaydi.

Majburan ichingga itarib she’rni,

Gohi yozishga ham qo‘rqasan, rosti.

(Bitganing kelmishing, she’rlaring kechmishing bo‘lib ketguday.)

Atrofga alanglab boqasan:

Chalg‘iging keladi ilhomdan,

Og‘zingga qand solasan go‘yo

Yutilib ketarmush zaqqum azoblar....

Qayda....

Qalampirni shira yopmaydi—

Beayov lovullar ichlaring.

Ichgan suving olovga sepilgan moyday

Barini gurillatib,

Barini charsillatib,

Jahannamni eslatib

Yoqadi bag'ringni.

Yillar sinovida qolgan qog'ozday

Saboting titilib ketadi....

Bas!

Ne bo'lsa, bo'lsin—muhimmas!

Yozaman, kim o'qir—sira qiziqmas!

Tole ham o'girgan mendan yuzini,

Ishq aro o'tmagan mening yo'llarim,

Hammasi parallel, hatto shu yo'llar-

Bir umr yonma-yon, aslo kesishmas!

Hayot—aniq fanku!(matematika)

Aksiomalarga bosh egar inson!

Yozilar—hisoblanar, sen aralashma!

Isboti Tangrining bitigida bor!

Bandasiga qolgan bir teorema:

Xohlasang, iymon keltir—

Istamasang-yo‘q!

Sevgi degan obyekt yo‘q asli bunda!

Barchasi subyektiv, yana bema’ni.

Bizga qolganmikan bosh qotirmoqlik?!

She’ringni yozg‘ilab yuraver, shoir.

Faqat, hech bo‘g‘zingda qolmasin kuying.

Kuyib yashash senga zo‘r aksioma!

(Hammaga notanish(hammaga yaqin)

Bir she’r yozging kelar to‘satdan.

Bo‘g‘zingda achiydi nimadir...)

••

••

Unutilgan ertak

Tongdan oldin qulog‘ingga pichirlaydi

Tongdan oldin duo qilib so‘raganing.

"Uyg'on,—deydi mayin kulib,—bomdod yaqin!"

Qizarasan, oqaradi ko'k etagi....

Tasbeh qo'yib, supurgini qo'ltiqlaysan,

Do'ppi kiyib, zar choponda sollanasan.

Osmon qolib, yer bo'ladi uchish joying,

Oyoqlaring yer ustiga tegib-tegmay,

Baxtdan yasab oppoq qanot, tovlanasan.

Bir oila "qizim" deydi yelkang qoqib,

Uy to'ridan xonang bo'lar-izzatdasan.

Oq sut bergan insonlaring tuzin oqlab,

Sidqidildan, og'rinmasdan xizmatdasan.

Kunlar o'tar, o'zgaradi kunlar yana:

Baxtdan aynib keta boshlar ko'ngilginang)

Yana yangi, shirin tashvish qo'shiladi....

Yuragimda qattiq og'riq boshlanadi.

Unutibman, nima edi davomlari,

Mendan ertak so'ramagan hech bir kimsa.

Shu ertagim qabrtoshga yoziladi,

Oxiriga ko'pnuqtalar chiziladi....

***

Davomi bor, boshlanmagan,

O‘zim bilgan-Xudo bilgan;

Farishtalar duo qilgan:

Oxiratga badal bo‘lgan,

Yo‘qotilgan, unutilgan;

Ko‘zyoshilar guvoh bo‘lgan.

Yor eshitib, yuzin burgan,

Ich-ichidan armon qilgan....

Xayollarim hayo qilgan,

Almisoqdan ruhga singgan,

Peshonamga yozilmagan

O‘shal ertak, qaro ertak- yozilgusi qabrtoshga....

04.06.2022

••

••

Sochlarin yig‘adi majnuntol,

Kokilim bo‘yidan uyalar.

Yonimda bir uzun soya bor,

Boshim bir yelkaga suyalar,

Qorayar, kun butkul qorayar....

Yo'l uzoq, manzilga yetmas ko'z,

Jur'atim jo'sh urar, o'zimmas.

Oyog'im tilkalar tikanlar,

Lablarim quriydi, so'zimmas;

Yuzimmas qizargan, yuzimmas!

Qon rangga kiradi ufqlar,

Tong emas, armonlar otadi.

Visolga borar yo'l chetida

Meni bir bahodir kutadi,

Yutadi, pushaymon yutadi.

Borishga tortmaydi oyog'im,

Umidning sharpasi gizlanar.

Ichimda ichikar tuyg'ular,

Taqvodan nafsi shum muzlanar,

Peshonam Haq tomon yuzlanar.

Har sajdam bir Me'roj tunidur,

G'afforim, afvingga mos ayla.

Jamoling-eng buyuk orzuyim,

Ravzayi jannatga xos ayla!

To hur-u g'ilmonga mos ayla!

18.05.2022

••

••

Istixora va bir kaft uyqu

Tushimda sen-umrlik tilak.

Uyg'ondim-u osmonga boqdim-

Ramazondan oy berar darak.

Bir ishq ila saharlik qildik,

Biz visoldan ro'zadorlarmiz.

Dili tutash, taqdiri o'zga,

Og'zi yopiq, tili borlarmiz.

Iftor vaqti-bir Juma tongi,

Isrofilning suri azondir.

Niyatlimiz, bo'lmaslarni ham

Bo'ldir Robbim, senga osondir.

Umrim ko'pmi va yoki sabrim?

Ishqim o'zar salmoq bobida.

Hayot yo'lim-Karbalo dashti.

Nafsim yengsam Uxud tog'ida.

Shunday o‘lsak, tirilgan chog‘da

Diydorlashsak yorug‘ yuz bilan.

Bizni yetkaz shu kunga, Robbim,

Solim duo, ezgu so‘z bilan.

....

O‘rgilar tegramda bashar,

Biri tanish, birisi yot.

Kiprigimda titradi yosh,

Tashim sukut, ichim faryod.

Koshkilardan bezdi moziy,

Ertalardan kutmish imdod.

Uqubatga duchor bo‘lsam,

Kimdir xafa, qolgani shod.

Zulmdan qo‘lda tasbehlar

Taqvo yetar, etmayin dod.

Joynamozga yuzim bosdim:

Ichim xufton, tashim bomdod.

Qadam bossam, xato bo'lsa,

Afv so'rayman yozib bayot.

Ikki kiftda ikki malak:

Biri dilxun, biri dilshod.

Borar manzil mezboni-U

Faqat joydin gumon zarra-

Biri behisht, biri do'zax,

Qaysisidin yetar bahra...?

06.04.2022

· ·

Ato(a.s)ning umrini bergandi Robbim,

Ayyub(a.s) sabri ila yashab yuribman.

Vaslingga bir qadam qolganda, yorim,

Hijron oralashin qaydan bilibman.

Shuncha yaqinmizmi, shunchalar yiroq,

Uzatsak, go'yoki qo'llar yetguday.

Oyoqlar tagida turganday sirot-

Biz gunoh yukidan qulab ketguday.

Xayriyat, asrorim bilmas xaloyiq:

Ismingni dastxat deb qo'yib yuribman.

Seni kelar, deya yo'lingni poylab,

Birpasda ming yilni yashab qo'yibman.

Atrofim ma'siyat: g'iybat va tuhmat,

Dam-badam bariga kulib qo'yaman.

Zolimni o'zingga havola etib,

Robbim, peshonamni senga qo'yaman.

Pichirim titratar Arshi A'loni,

Xudojon buyurar: Duo ijobat!

Men kabi ko'ngli oq, tole-qaroni

Sening peshonangga bitadi abad!

Erib ketar dildan ming yillik armon,

Ko‘zimdan tirqirar baxt ko‘zyoshlari....

Alahlab uyg‘onib ketaman shu on:

Muazzin bomdodga azon boshladi....

01.04.2022

....

Yana tun—umrimning zulmati,

Xotiram ezg‘ilar xotirang.

Boshimni qo‘yaman,tosh-yostiq,

Uyqusiz ko‘zlarim lolarang.

Men yolg‘iz emasman, birgamiz,

Jonimiz og‘ritgan ishq bilan.

Yonimga bosh qo‘yar, ezilar,

Ko‘rpa tor, yostiq xo‘l yig‘idan.

Yorimey, yo‘qliging bahona

Bo‘ynimga osildi shilqim ishq.

Har nafas chalg‘itar xayolim:

Eng katta xatoyim-sen emish.

Ayriliq zanjirin uzgin-u

Baxt tomon qo‘limdan tut mening.

Har yig‘i, har hasrat bitsin-u

Yostig‘i qurisin sevgining!

Yostig‘i qurisin sevgining!

02.03.2022

....

Sarob

O‘tasan yonimdan jimgina,

Ko‘zlaring ko‘rmaydi sevgini.

Sen barin unutib qo‘ygansan,

Endi men unutsam maylimi?!

To'rt yondan yonaman-alanga!

Xayolim o'raydi vasvasa.

Fikrimdan hayoning holi tang,

Mumkinmi eslasam?!

Sen esa shu qadar beparvo:

Orzular bir nafas kesishmaganday,

Yuraklar sevgidan to'lishmaganday,

Qo'llar bir-biriga tutashmaganday(go'yo hech qachon)

Aslida ham shunday emasmi axir?

Xayolim tortqilar ro'yolar,

Ko'zlaring o'ynaydi jonsarak....

Endi sen menga bir begona

Endi men ketganman bedarak!

Atrofim to'ladi sarobga:

Go'yoki sen mening, men sening....

Tan olmoq qiyindir, afsuski,

Men ko'rgan eng uzun tush eding,

Tush eding!

27.02.2022

....

Sen ketasan uzoq-uzoqqa,

O'z makoning-ko'nglimdan chiqib.

Ortingda men-mas'ud bir o'tmish!

Qarashga-da qiymaydi ko'zing,

Oyog'ingga ilashar qarg'ish....

Birga o'tgan har lahza ilhaq,

Sen- bo'g'zimni yoqqan nafassan.

Ozod bo'lmoq istamas qushman-

Ki, atirgul bitgan qafassan!

Bir daraxtsan, men esa xazon—

Shoxingda qaltirab turibman.

Haqqim yo'q bo'lsa-da Xudodan

Taqdiringni so'rab yuribman.

Senga men yo'q joylar xayrli,

Borligimdan qolding ezilib.

Ammo sal ko'rmasang, ko'zingdan

Sog'inch yuki turar sezilib.

Endi tamom, majbur ketasan

Ishq atalmish oliy sahnadan.

"Men -gunohing, qo'rqaman ishon,

Yuragingdan tutgan tavbadan!"[1]

Bahor bizga etmagan nasib....

Ko'zlar duo qiladi sim-sim:

Men intizor kutaman seni,

Kuzakkacha xayr, azizim!

25.02.2022

Chek!

Mensizlikda dard chek, alam chek....

Kashanda ko'nglingga tamaki-sevgim!

O'pkangni to'ldirib muhabbatni yut,

So'ngra.... poyoniga yetib-yetmasdan

irg'it va unut!

Haq meni yemagan bug'doyim uchun

Poyingda xorlikka qilganmi mahkum?!

Yo'q, yo'q! Qazo ishi ancha murakkab,

Qo'lingga qalbimni tutqazib qo'yib,

Hattoki g'ururim ko'zini o'yib,

Yig'lagan go'dakka qand bergan kabi

Yaratganmi Robbim sen uchun meni...?

Savollar tirilar, javoblar-murda,

Jallod xayollarim bo'g'adi tunni.

Menda faqat tong bor va sertashvish kun,

Quyoshga qo'shilib botishdan oldin

So'rayman:

Qovurg'angdan yaratib meni,

Peshonangga bitmagan Haqdan

Norozi bo'lmoqqa haqqim bormidi?

Va yo Qiyomatga qolgani o'sha

Diydormidi?!

15.02.2022

* *

Bo'g'zimga she'r bo'lib tiqiladi jon,

Sensiz havolardan sil bo'ldi o'pkam.

Almisoqdan qolgan sevgim, va'dam bor,

Olovga o'tinman o'zgasin sevsam!

Sen uchun yaralgan bu telba ruhim.

Dunyo bizga g'ayur, dunyo-bir kishan.

Menga oshiqlikning dardidan qochib,

Bulutlar o'zini osmonga osgan.

Quyoshning rashkidan qo'rqaman, rosti.

Kelaverar sharqdan meni uyg'otib.

Bir kunda besh ming bor seni o'ylasam,

Jahldan g'arb tomon ketadi botib.

Sochimni silaydi iblisqo'l shamol,

Oyog'im o'pmoqqa shaylanar yer ham.

Chalg'itib kun ko'rar bu ko'hna qafas

Ayirmoqchi bo'lar ko'nglimni sendan.

Visoling- bir umid, aqlimni olgan,

Har tunda eshikka qarab bedorman.

Shamg'alat qilaman Oyning ko'zini,

Qadamingdan chiqqan sadoga zorman.

Foniy dahring aro nima abadiy?

Hijronning bir kuni vasli ham bordir.

O‘shanda alamga chiday olmasdan

Quyosh g‘arbdan chiqsa, ne tong, ey Qodir!

29.01.2022

. . . .

Osmondan tubi yo‘q jarlikka sakrab,

Yer-qora tuproqni bir najot anglab,

Hatto har qirramni ming bor avaylab,

Oyoqlar tagida poyandoz qorman....

Tepkilab, tepkilab rohat qilingan,

Kaftlarda siqilib, uloqtirilgan,

So‘nggi manzilimga singib ulgurgan,

Bahorda har chechak qonida borman,

Qorman!

Odam bo'lmoq aslo niyatim emas,

Osmonda yashamoq- odatim emas,

Asli kimligimni hech kimsa bilmas,

Jannatdan yer tomon surgun- Havoman,

Qorman!

Ko'ringan har narsa emas haqiqat,

Oqligim poklikdan bermas dalolat,

Haqdan ayro bo'ldim, sabab- ma'siyat,

Ammo to qiyomat tavbada borman,

Qorman!

19.01.2022

....

Baxtning manzilini ber menga, ey Haq,

So'rayman Rasulga ummatlik haqqim!

U yerdan joy bergin ikki kishilik:

To bu giryon ko'zlar uchrashsin abad!

Begim, deb aytolmay ketmay dunyodan,

Kalimam armonli izhor bo‘lmasin.

O‘n sakkiz ming olam "bo‘l!" desin bizga,

Ko‘rmasdan ko‘zimga tuproq to‘lmasin.

Tog‘lar tog‘lar bilan uchrashgan kuni

Qarshingga yugurib chiqaman hali....

Bilgin gunohim sen, tavbam ham o‘zing!

Bizni ayirolmas o‘shanda hech kim....

Qulog‘imga azon aytar yuraging,

Ko‘ksingdan o‘zga bir sajdagoh bo‘lmas.

Ruhim-ku manguga daxl qiladi,

Vujudim xuftonni o‘qimay o‘lmas!

So‘nggi vasiyating shu emasmidi:

Xufton namozida qazo mumkinmas!

Fikr-u zikrimdasan o‘sha kungacha,

Sabr qil, oz qoldi Qiyomatgacha!

05.01.2022

. . . .

To‘rt tomchi yomg‘ir....

Bir qora osmon,

Zulmatga yutilib ketgan bulutlar.

Oy qora, yulduzlar ham yuzlari qora.

Xira chiroq yoritgan ko‘cha,

O‘tib-kechar qora sharpalar.

Qorong‘ulik aro bir juft qora ko‘z

Meni kutar qora soyabonida.

Chiqaman qop-qora tuproqqa

Yanada qoraroq izlarni qo‘yib.

Bugun yaqinlashgan qora ayriliq,

"Alvido"lar uchar titroq lablardan.

Buncha qora baxt ham, peshonamiz ham.

Ajralib ketamiz qorong'ulikka

Beshafqat taqdirni tinmay qoralab.

Armonrang orzular yelkamizga yuk.

O'ylaymiz, besh kunlik dunyoning

To'rt kuni qoraga aylangan go'yo.

Qancha qolgan yana hisobimizda....

Faqat bitta sabab berar tasalli:

Qalbga qo'nmas dunyo qoraliklari.

Qora nafs domiga tortmaydi bizni,

Qoraga burkanmas umidlarimiz.

Endi ketarmiz o'z manzilimizga,

Yurakda ko'tarib oppoq sevgini.

Oqdan oqlikkacha berilgan umr-

Nur bo'lib tilaydi bizlarga oq yo'l!

21.12.2021

Nima kerak, deysan.

Top, deyman.

"Oy!" deyman ichimda....

Bir dog‘li, bir to‘lin oy.

Ko‘ksimni to‘ldirib yulduz berasan

qirrasi botadi yurakka.

Ko‘zim qirrasiga ko‘zyosh botadi....

Nimaga mushtoqsan?-so‘raysan yana.

Gul deyman.

(Moychechak bo‘lsa, qaniydi....)

Bir quchoq sariq atirgul eltasan.

tikani botadi qo‘limga.

Osmondan arazlab oy ham botadi....

Kimni kutding yillab?-deysan.

Top, deyman-u, Sen deyolmayman.

Achchiq qilib mag‘rur ketasan.

Andisham botadi yurakka.

Ko'zim qirrasida ko'zyosh qotadi....

Topolmading....

18.12.2021
• •

Ranjimagin, ba'zan osmondan kelsam,

Men g'urur-hayoning asrandi qizi.

Kulgili, gohida ishqdan so'ylasang,

Ko'zingda chaqnaydi Zuhro yulduzi.

Men esa "Sevmayman!" deyman baralla,

Qisiq ko'zlaringdan uchqun so'nadi.

"Aldoqchisan!"-deysan ishonmay yana

"Yanog'ing sevgingni aytib turadi!"

Anor tusga kirib, ketaman nari,

Ichimda qaynaydi yashirin tuyg'u.

Miyamga urilar tumanli xayol,

Tunlari ko'zimga kelmaydi uyqu.

Axir Azroyildan bir jon qarzing bor,

Bemahal so'rasa, nima qilaman.

Qirq jonimni berib, asrolmasam gar,

Dunyoda kim uchun yashab yuraman?

Ketsang, qaytishingni besh yuz yil kutsam,

Qaro sevging ko'rib, quvonasanmi?

Aldoqchiman, yana labimni bursam,

Sog'inmadim, desam.... Ishonasanmi?!

20.10.2021

....

Kulgichimga gup-gup tegdi shabboda,

Saboning qo'ynida iforlaring bor.

Shu razil dunyoda, xudbin dunyoda

Menga bir tasalli- Yaxshiyam sen bor.

Biz o'tgan ko'chada yuraman yolg'iz,

Yonimdan o'tasan demasdan bir so'z,

Nafas olmoqdaman, nahotki, sensiz...

Bu osmon ostida yaxshiyam sen bor.

Endi bu shaharda "Biz" degan so'z yo'q.

Qo'rqaman, "biz" deya og'iz ochmoqqa.

Baxt yo'q, go'zallik yo'q, umidimiz yo'q,

Haqqim yo'qdir endi seni sevmoqqa....

Yasha, mag'rur yasha ming yillargacha,

Yonimdan tanimay o'taver, ey yor!

Bu eski shaharda, g'amgin dunyoda

Yaxshiyam sen borsan, yaxshiyam men bor...

08.08.2021

Tanimdan haqqini so'raydi tuproq,

Sochimdan shamolday tortqilar o'lim.

Faqat kundan kunga sevaman ko'proq,

Qiyomat kelsa-da, tutashmas yo'lim.

Umidmi? Momomning ertagidir u....

Tomoqqa sanchilgan qiltanoq-sevgi....

Yurakning duk-dukin qisqartar qayg'u,

Barini yashirar labdagi kulgi.

Hayot-sinov emas, armug'on emas.

Shunchaki, bu bizga berilgan daftar.

Ba'zan ishq to'ldirar, ba'zida havas.

Tan bunda qoladi, faqat ruh qaytar!

Manzilga oz qoldi, endi yo'l yaqin.

Mahsharda yoqangga yopishmas qo'lim!

Umrim umring ichra chaqnagan chaqin,

Jannatdan izlab ko'r kelganda o'lim!!!

09.07.2021

●●●

Ozib-yozib bir minaqoldim

Uyga eltar avtobusimga.

Har gal yangi hangoma bo'lar

Ayni shu ko'p qiziqdir menga.

Ikki yigit, to'rt bardam erkak

Og'izlari saqichdan tinmas.

Bolalimi, kasalmi, qari—

Kim minsa ham joyidan jilmas.

Yo'l tekismas, chayqalib goho

O'tirganlar xunob bo'ladi.

Yiqilishga joy yo'q baribir

Tik turganlar parvo qilmadi.

Shofyor og'a, sekinroq yuring,

Jonlariga yetmasin ozor.

Yo'lovchilar ichida axir

Homilador erkaklari bor.

07.02.2023

···

G‘azallar:

Necha kunki, dardim aytib, tarki asror etmadim,

Tuhmatini, g‘iybatini bildim, oshkor etmadim.

Robbima har lahza ahvolim shikoyat ettim-u,

Pirima yolg‘iz izohni ayta bezor etmadim.

Aybisiz Parvardigordir, gohi men qildim xato,

Ki nadomat ettim, ammo aybi takror etmadim.

Bordim ul dargoh aro ko‘nglimda yo‘qki kir niyat,

Kimsa parvo etmadi, hech kimga ozor etmadim.

Toki qalbim pok ekankim, oq bo‘lur yo‘lim mudom,

Komila, Robbingg‘a qaytkim, o‘zga qaror etmadim.

Na kajraftor falak koʻrdi, na bir jon bildi holimni,

Yurak yondi, umid oʻldi, oʻlim oldi xayolimni.

Abad jannat havas ettim, visoli Robni qasd ettim,

Axir jongʻa shikast ettim, kishi koʻrmas zavolimni.

Meni iymoni rom etti, koʻzim qonin ravon etti,

Va bir oʻtgʻa solib ketti, kutarman ul halolimni.

Kecham yulduzidan kechdim, muhabbat iplarin yechdim,

Muqannadek tutib burqa, nisor etmam jamolimni.

Kishan boʻlmam ayoqigʻa, qadardin ham ilinjim yoʻq,

Ki nomimgʻa boʻlay mansub, koʻrar boʻlsin kamolimni.

12.06.2021

Tuyuq:

Dil so‘zimni senga yuz, ming bor dedim,

«Sevmasang gar, o‘zga yorga bor!»- dedim.

Qancha quvdim, qancha qochdim, ketmading,

Birga bo‘lmoq taqdirimda bor, dedim!

yes
I want morebooks!

Buy your books fast and straightforward online - at one of world's fastest growing online book stores! Environmentally sound due to Print-on-Demand technologies.

Buy your books online at
www.morebooks.shop

Kaufen Sie Ihre Bücher schnell und unkompliziert online – auf einer der am schnellsten wachsenden Buchhandelsplattformen weltweit! Dank Print-On-Demand umwelt- und ressourcenschonend produzi ert.

Bücher schneller online kaufen
www.morebooks.shop

Printed by Books on Demand GmbH, Norderstedt / Germany